Christiane Nießeler

Makramee
Neue Ideen

ENGLISCH VERLAG

Die Deutsche Bibliothek – CIP-Einheitsaufnahme
Makramee: neue Ideen / Christiane Nießeler. – Wiesbaden: Englisch, 1999
ISBN 3-8241-0914-X

ISBN 3-8241-0914-X

Fotos: Frank Schuppelius
Herstellung: Michael Feuerer
Printed in Spain

Inhaltsverzeichnis

Vorwort

Makramee – eine Knüpf- und Flechttechnik – zählt zu den ältesten Handarbeiten. Bis ins 15. Jahrhundert lassen sich die zum Teil sehr kunstvollen Knüpf- und Flechtmuster, wie Spitzen und Borten, zurückverfolgen. Vor zwanzig Jahren hatte diese Handarbeit ihren letzten Höhepunkt. Blumenampeln, Wandbehänge und Lampenschirme zählten zu den großen Favoriten. Zeit und Geschmack haben sich geändert und so auch die Objekte, die ich Ihnen hier vorstellen möchte. Bleiben die Knoten doch die gleichen, so hat man heute, was das Material betrifft, einige Möglichkeiten mehr. Knüpfte man in den 70ern und 80ern ausschließlich mit Jute, Sisal, Viskose und Baumwolle in Naturtönen, kommen heute noch Seidenschnüre, Bast und Kordeln aller Art hinzu. Die zum Teil sehr kräftigen Farben unterstreichen die oft einfachen Modelle wie z. B. Serviettenringe oder Kerzenhalter. Eine Grünpflanze, überreicht mit einem selbst geknüpften Blumenstecker, wirkt gleich viel fröhlicher und persönlicher. Aber auch für traditionelle Knüpfmodelle, wie z. B. die Blumenampel, finden Sie einige Beispiele. Mit wenig Zeit- und Materialaufwand können Sie zu vielen Gelegenheiten ein selbst geknüpftes, individuelles Geschenk überreichen.

Christiane Nießeler

Material und Werkzeug

Basisausstattung

Garn

Baumwollknüpfgarn besteht aus zwei- bis dreifach gedrehtem Naturmaterial. Es ist in vielen zum Teil kräftigen Farben erhältlich. Dieses Material besitzt eine klare Knüpfstruktur und bleibt stabil in Form. Aufgrund seiner Beschaffenheit ist es mit Häkel- oder Strickgarnen nicht zu verwechseln.

Seidenschnüre werden in Natur oder eingefärbt angeboten. Sie sind sehr angenehm zu verarbeiten, klar im Knüpfbild, aber leider etwas teurer in der Anschaffung. Mit Seidenschnüren geknüpfte Modelle sind etwas Besonderes.

Leinenfaden oder Hanf sind Naturprodukte und können in verschiedenen Stärken erworben werden. Leinenfäden gibt es in verschiedenen Farben, Hanf nur in Natur. Diese Materialien ergeben ein deutliches Knüpfbild.

Jute- und Sisalkordel sind rustikale, faserige Naturprodukte. Sie sind etwas rauh in der Verarbeitung, bewirken ein leicht verschwommenes Knüpfbild und sind in verschiedenen Farben und Stärken erhältlich.

Edel- oder Naturbast gibt es in verschiedenen Farben, matt oder glänzend, im Bündel oder Beutel zu kaufen.
Kordeln gibt es in vielen Farben, Stärken und Strukturen. Sie lassen sich gut verarbeiten und zeigen ein klares Knüpfbild.
Viskose- oder Acrylgarne sind weich und dehnbar in der Verarbeitung, sie sind jedoch nicht ganz klar im Knüpfbild.

Tipp: Stark ausfransendes Material sollten Sie nach dem Zuschnitt sofort an beiden Enden verknoten.

Knüpfunterlage

Für die meisten Modelle ist eine Knüpfunterlage unerläßlich. Eine solche Unterlage besteht aus einer Weichfaserplatte (Presspappe) oder einer feinkörnigen Styroporplatte in den Maßen 50 x 40 x 1,5 cm. Knüpfunterlagen sind überzogen mit einer stärkeren Folie. Es geht auch ein hart gepolstertes Kissen. Sie sollten bequem im Sitzen arbeiten. Die Knüpfunterlage liegt auf dem Schoß und schräg an der Tischkante an. Blumenampeln werden im Stehen geknüpft. Sie können an der Gardinenstange, an Garderobenhaken oder Ähnlichem befestigt werden.

Außerdem benötigen Sie:

- Makrameenadeln oder größere Stecknadeln mit Kopf zum Befestigen der Modelle auf der Unterlage
- Maßband
- Schere

Zubehör

Perlen sind in vielen Farben, Größen und Ausführungen, wie z. B. Keramik, Holz, Porzellan oder Glas, erhältlich. Wichtig ist nur, dass Ihre Knüpffäden, ob einfach oder doppelt, durch die Perlen gezogen werden können. Bei einem sehr dünnen und weichen Knüpfmaterial können Sie die angeschrägte Fadenspitze mit Klebstoff versteifen.
Drahtformen, Schlüsselringe, Blumendraht oder Schmuckverschlüsse können Sie im Fachhandel oder Gartenmärkten erwerben.

Verbrauch

Der Verbrauch ist von mehreren Faktoren abhängig. Dicke Garne verarbeiten sich schneller als dünne; auch stark gedrehtes Material benötigt mehr Länge als weiche und dehnbare Fäden. Sie verbrauchen bei einem aufgelockerten, mit großen Abständen gearbeiteten Musterbild weniger Garn als bei dichten Rippen- und Weberknoten.
Weicht Ihr Material von den Angaben ab, verändert sich der Zuschnitt und Ihr Verbrauch. Fertigen Sie als Anfänger kleine Probestücke an.
Als weiteren Anhaltspunkt kann Ihnen Folgendes dienen: Schneiden Sie Ihre Fäden acht- bis zwölfmal so lang zu als Ihr fertiges Modell werden soll. Beim Einhängen der Fäden halbiert sich die Länge. Beispiel: Ein Wandbehang soll 50 cm lang werden. Sie schneiden für die Fäden die zehnfache Länge zu, also 5 m. Wenn Sie die Fäden einhängen, kommen Sie auf eine Länge von 2,5 m.

Wichtig

Lesen Sie vor dem Beginn Ihrer Knüpfarbeit jede Beschreibung genau durch, um Unklarheiten und Missverständnisse zu vermeiden. Alle Knüpfmodelle sind mit Symbolen versehen, die den Schwierigkeitsgrad anzeigen:

* für Anfänger
** für Geübte
*** für Fortgeschrittene

Kleine Knotenkunde

Die entsprechenden Zahlen an den Abbildungen der Knoten finden Sie bei den Knüpfmodellen als Orientierungshilfe wieder.

1a/b) Einfache Aufhängung

1c) Doppelaufhängung

Bei allen Beschreibungen werden die Fäden gleich lang eingehängt. Legen Sie jeden Faden zur Hälfte und hängen ihn ein.

2) Weberknoten

Dieser Knoten wird meistens mit vier Fäden ausgeführt: rechts und links je ein Knüpffaden, in der Mitte zwei Leitfäden. Nach jeder Knotenlegung sollten Sie die Fäden gleichmäßig anziehen. Die beiden Leitfäden werden dabei straff zwischen Mittel- und Ringfinger der rechten Hand gehalten. Dieser Knoten kann als Strang sowie als Fläche gearbeitet werden.

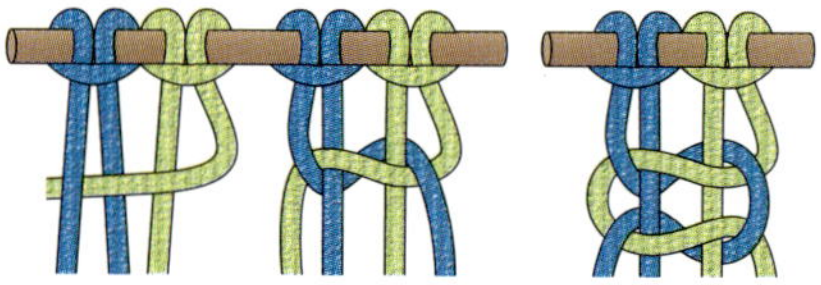

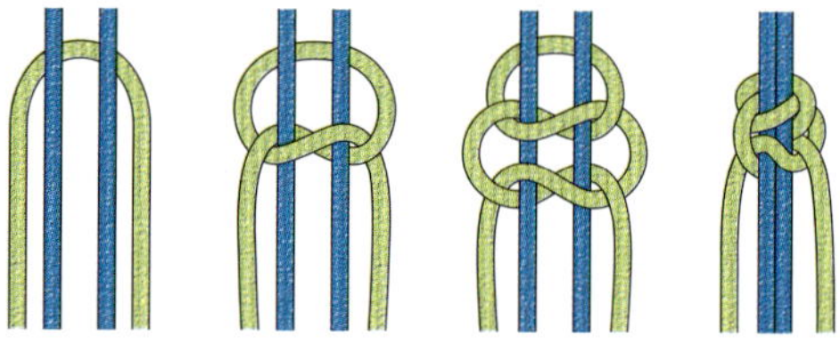

2a) So knüpfen Sie mit dem Weberknoten einen neuen Faden ein.

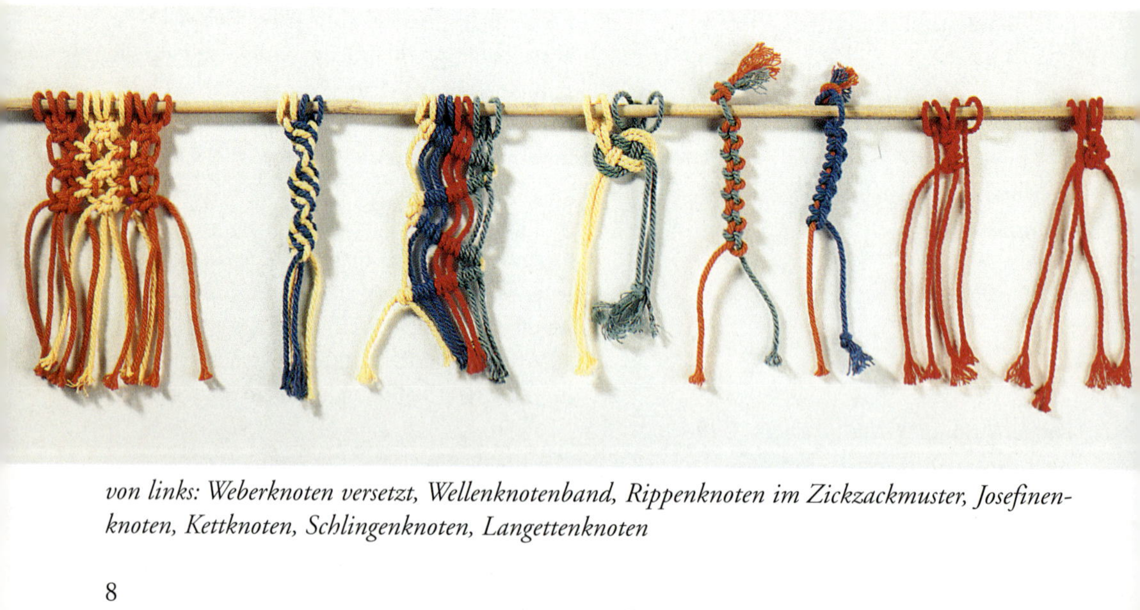

von links: Weberknoten versetzt, Wellenknotenband, Rippenknoten im Zickzackmuster, Josefinenknoten, Kettknoten, Schlingenknoten, Langettenknoten

3) Wellenknoten

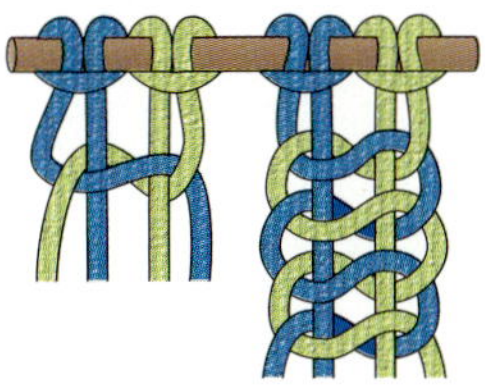

Der Wellenknoten wird aus der ersten Hälfte des Weberknotens geknüpft. Nach fünf bis sechs Knoten beginnt sich das Band zu drehen.

4) Erbsknoten

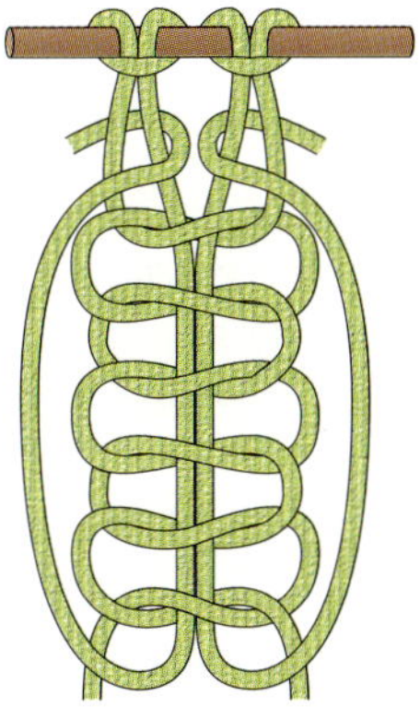

Dieser plastische Knoten, auch Perlknoten genannt, besteht aus vier bis fünf untereinander liegenden Weberknoten. Die Leitfäden werden straff nach hinten durchgezogen und mit einem Weberknoten gesichert.

5a) Rippenknoten waagerecht

Der Rippenknoten kann waagerecht, senkrecht oder diagonal ausgeführt werden. Wichtig ist bei Rippenknoten der straff gespannte festgehaltene Leitfaden. Zwei Umschlingungen ergeben einen Knoten. Ziehen Sie die Schlaufen gleichmäßig an, sodass sich ein klares, gleichmäßiges Knüpfbild ergibt.

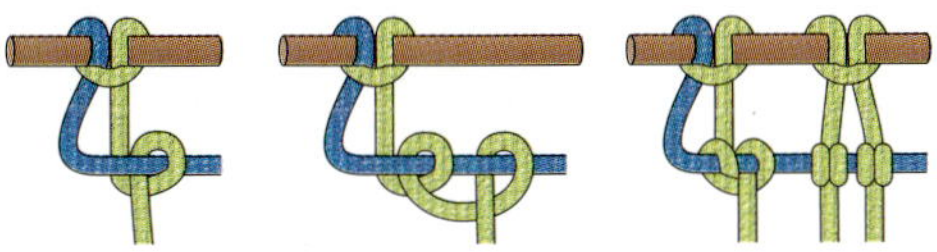

5b) Rippenknoten senkrecht

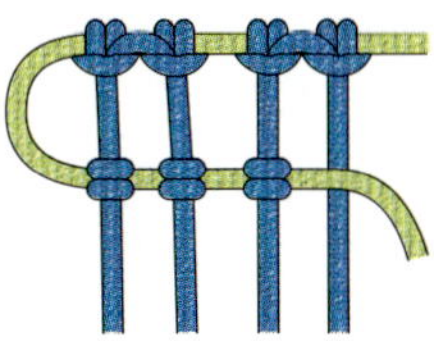

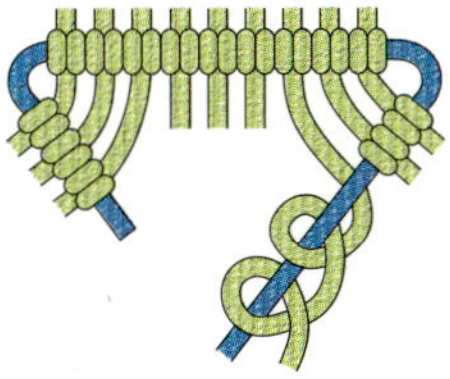

5c) Rippenknoten schräg von außen nach innen

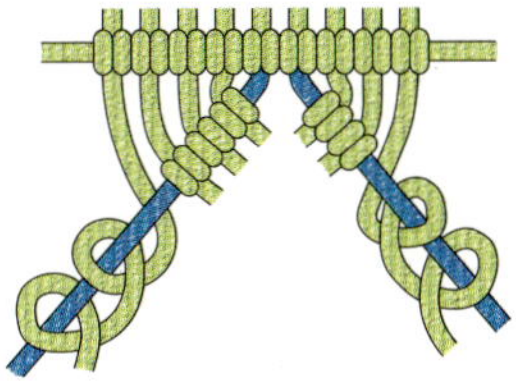

5d) Rippenknoten schräg von innen nach außen

5e) So knüpfen Sie mit dem Rippenknoten einen neuen Faden ein. Zu kurz gewordene Fäden können bei einem Rippenknotenmuster nahtlos ersetzt werden. Den zu kurz gewordenen Faden lassen Sie auf der Rückseite einfach hängen.
Den neuen Faden knüpfen Sie mit einem Rippenknoten ein. Beide Fadenenden werden auf der Rückseite vernäht.

5f) Abknüpfreihe: Abschluss mit Rippenknoten ohne Fransen
Alle Knüpffäden werden der Reihe nach mit Rippenknoten abgeknüpft, d.h. die sonst hängenden Fäden werden als Leitfäden mitverarbeitet. Nach drei Rippenknoten wird ein Leitfaden kurz herausgeschnitten. Nehmen Sie einen weiteren Leitfaden dazu, und knüpfen Sie mit drei Fäden weiter. Am Ende werden die verbleibenden Fäden auf der Rückseite vernäht.

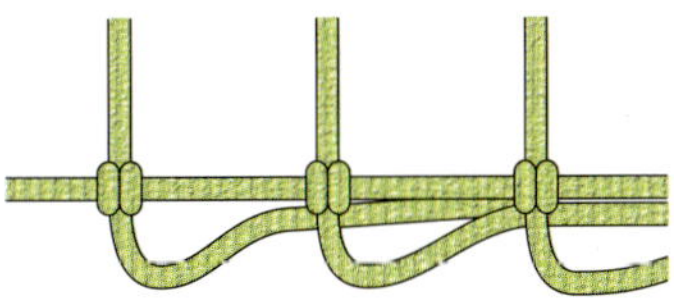

6) Kettknoten

Der Kett- oder Schiffchenknoten besteht aus zwei halben Rippenknoten, die abwechselnd nach rechts und links geknüpft werden.

7) Schlingenknoten

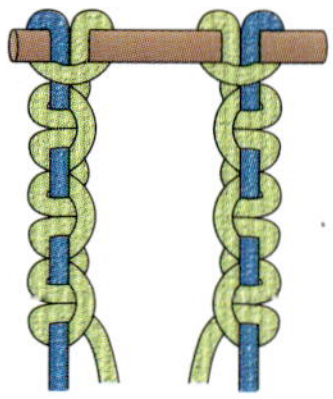

Der Schlingen- oder Frivolitèknoten ist eine weitere Variante des Rippenknotens und besteht ebenfalls aus zwei Arbeitsgängen. Die erste Schlinge wird wie beim Rippenknoten über den Leitfaden gelegt, die zweite unter den Leitfaden.

8) Nest aus halben Schlingenknoten

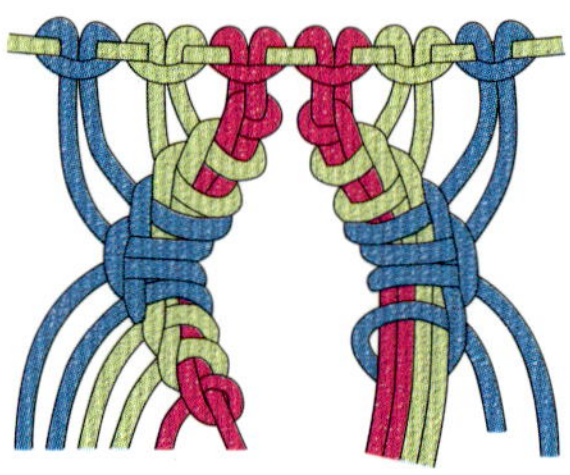

9) Langettenknoten

Der Langettenknoten wird hier mit vier Fäden gearbeitet. Mit den mittleren zwei Fäden werden 2 1/2 Rippenknoten (fünf Umschlingungen, linker Faden Leitfaden, rechter Faden Knüpffaden) gearbeitet. Der Strang beginnt sich zu drehen. Darunter wird ein Weberknoten mit vier Fäden gesetzt. Bereits bei der ersten Hälfte des Weberknotens werden die Rippenknoten nach oben geschoben, mit der zweiten Hälfte wird dieser plastische Knoten gesichert.

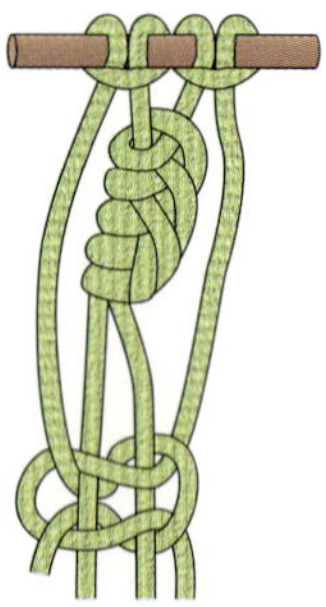

10) Kronenknoten

Dieser Knoten ist eine Lege- und Flechttechnik und kann auch mit fünf oder sechs Fäden durchgeführt werden.

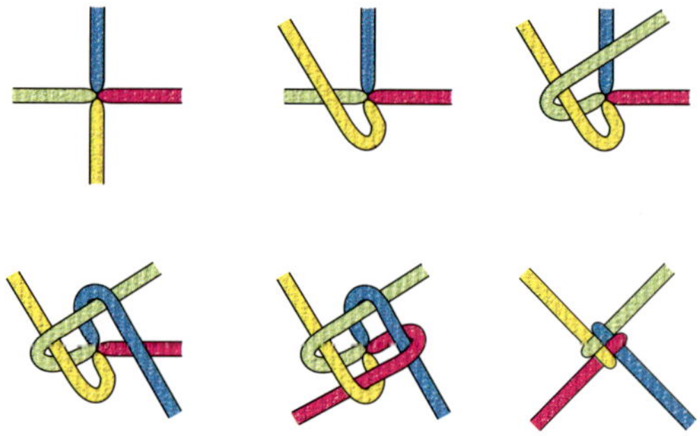

11) Josefinenknoten

Der Josefinen- oder Brezenknoten ist eine Lege- und Flechttechnik. Er kann mit zwei, vier, sechs oder mehr Fäden ausgeführt werden. Wichtig ist dabei, dass die Fäden sauber nebeneinander liegen.

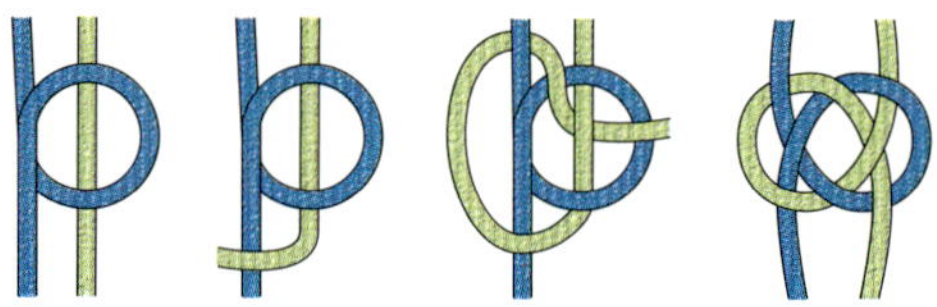

12) Wickelknoten

Mit diesem Knoten können viele Fäden stabil gesichert werden. Mit einem separaten Faden wird eine Schlaufe über die zusammengefassten Fäden gelegt. Das obere Ende sollte 3–4 cm überstehen. Mit dem Wickelfaden umwickeln Sie straff das Bündel und ziehen den Faden durch die untere Schlaufe. Das obere Fadenende wird angezogen, und die Schlaufe verschwindet nach innen, ziehen Sie gut bis über die Mitte hoch und schneiden beide Enden kurz ab.

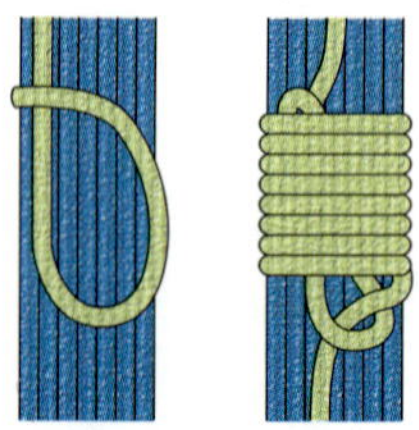

13) Überhandknoten

Mit dem Überhandknoten können einzelne oder mehrere Fäden gesichert werden. Ziehen Sie ihn fest an.

14) Kreuzknoten

Zwei Fadenenden können auf diese Weise fest miteinander verbunden werden.

15) Aufwickeln von Fäden

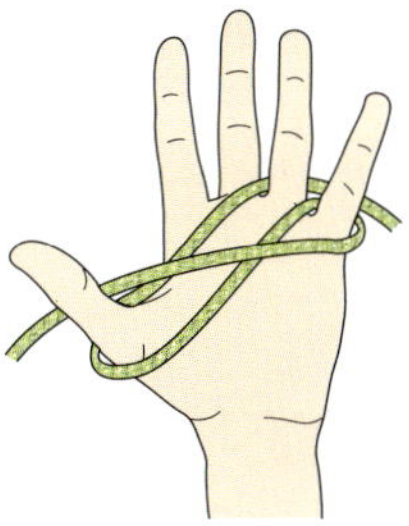

Zu lange Fäden stören beim Knüpfen. Außerdem wird das Material geschont, wenn Sie es zu Bündeln aufwickeln. Wickeln Sie den Faden in einer 8er Bewegung zwischen Daumen und kleinem Finger auf, und sichern Sie das Bündel z. B. mit einem Gummiband.

16) Türkischer Bund

Umwickeln Sie beide Enden einer 2-m-Kordel mit Klebeband, damit die Enden nicht ausfransen. Arbeiten Sie über Ring-, Mittel- und Zeigefinger. Abb. a) Lassen Sie ca. 5 cm Ihrer Kordel an der Innenseite der Finger nach unten hängen. Mit dem langen Ende kreuzen Sie einmal links und einmal rechts um die Finger, sodass sich die Anfangskordel in der Mitte befindet. Abb. b) Die längere Kordel wird von oben über die Kreuzung nach rechts unten durchgezogen. * Abb. c) Bilden Sie eine Öse, d. h. die parallel liegenden Kordeln werden über Kreuz gelegt (rechte Kordel unter die linke; die Kordeln überkreuzen sich jetzt an zwei Stellen). Abb. d) Mit der rechts liegenden langen „Wanderkordel" gehen Sie über die erste Kreuzung nach links unten. Abb. e) Führen Sie die Wanderkordel von links unten über die zweite Kreuzung nach rechts unten. * Wiederholen Sie den Intervall von * bis *. Abb. f) Die Wanderkordel muss nun rechts neben Ihrer Ausgangskordel liegen. „Wandern" Sie rechts an Ihrer Ausgangskordel vorbei, d. h. Sie müssen genau neben Ihrer Ausgangskordel alle Biegungen und Windungen nachvollziehen. Sie durchwandern dreimal die Runde, bis alle Kordeln doppelt liegen. Abb. g) Nach weiteren drei Runden liegen alle Kordeln dreifach nebeneinander. Ziehen Sie Anfang und Ende nach innen, und verkleben oder vernähen Sie sie.

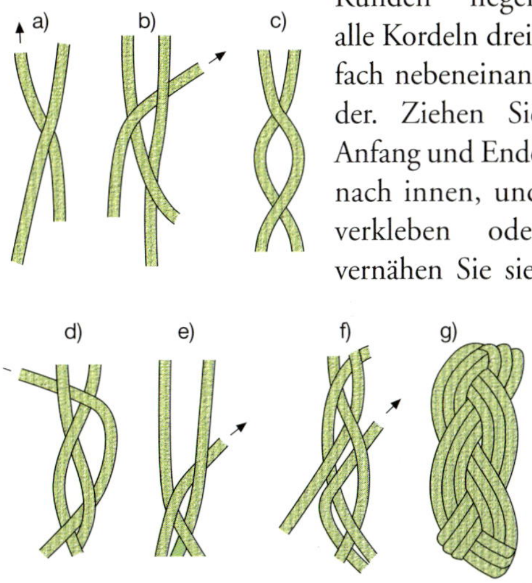

Noch ein Hinweis: Man unterscheidet bei Makramee grundsätzlich zwei Sorten Fäden, wie Sie in den Anleitungen immer wieder lesen werden – Leitfäden und Knüpffäden. Leitfäden sind das Gerüst Ihrer Arbeit, d. h. um sie werden andere Fäden geschlungen. Knüpffäden sind Ihre Arbeitsfäden, mit Ihnen fertigen Sie Ihre Knoten. Allerdings ändern sich diese Funktionen in einem Makrameestück, und Leitfäden werden zu Knüpffäden und umgekehrt, gerade wenn Sie flächig arbeiten.

Geschenke mit persönlicher Note

Schlüsselanhänger Eule *

Material

- 3,6 m Leinenfaden in Grün, Ø 1 mm
- 3,6 m Baumwollkordel in Weiß, Ø 1 mm
- zwei braune Holzperlen, Ø 6 mm
- ein Schlüsselring, Ø 2 cm

Der Schlüsselanhänger ist ca. 8 cm lang und 4 cm breit.

Anleitung

Schneiden Sie je vier 0,9 m lange Fäden aus Leinenfaden und Baumwollkordel zu und hängen sie wie folgt in den Schlüsselring ein (1a): 1 x grün, 1 x weiß, 1 x grün, 2 x weiß, 1 x grün, 1 x weiß, 1 x grün.
Mit den äußeren grünen Fäden knüpfen Sie von rechts und links eine Rippenknotenreihe (5a) zur Mitte. Mit den äußeren zwei Fäden arbeiten Sie pro Seite 6 Kettknoten (6). Auf jeden 5. Faden von außen ziehen Sie eine Holzperle für die Augen auf. Von der Mitte knüpfen Sie schräg nach außen eine Rippenknotenreihe (5d). Mit den mittleren vier Fäden arbeiten Sie einen Erbsknoten (vier Weberknoten, Abb. 4). Der jeweils 4. Faden von außen (grün) wird Leitfaden für die Rippenreihen nach innen (5c). Legen Sie insgesamt 10 Rippenknotenreihen mit den mittleren 12 Fäden an. Mit den jeweils äußeren zwei Fäden knüpfen Sie 7 Kettknoten. Diese Fäden werden Leitfäden für die beiden letzten Rippenknotenreihen.
Zum Abschluss setzen Sie pro Seite einen Weberknoten (2 Knüpffäden, 6 Leitfäden). Die Knüpffäden sichern Sie mit einem Überhandknoten.

Tipp: Sie können die Farben auch variieren. Für die roséfarbene Eule z. B. wurden Leinenfäden in Rosé und Beige verwendet.

Fisch *

Material

- 4 m Leinenfaden in Grün, Ø 1 mm
- 3,2 m Leinenfaden in Blau, Ø 1 mm
- eine Messingperle, Ø 5–6 mm
- ca. 70 bunte Rocailles (Glasperlen), Ø 2,6 mm
- ein Schlüsselring, Ø 2 cm

Der Fisch ist ca. 10 cm lang und 5 cm breit.

Anleitung

Schneiden Sie 5 Fäden in Grün und 4 Fäden in Blau zu, jeweils 0,8 m lang. In den Schlüsselring hängen Sie die Fäden wie folgt ein (1a): 1 x grün, 1 x blau, 1 x grün, 1 x blau, 1 x grün. Einen blauen Faden verwenden Sie als Leitfaden für eine waagerechte Rippenknotenreihe (5a), die Sie eng an den Schlüsselring knüpfen. Die Messingperle ziehen

Sie auf den 3. und 4. Faden von rechts als Auge auf.
Mit einem neuen grünen Faden knüpfen Sie die zweite waagerechte Rippenknotenreihe. Die Reihenabstände betragen ca. 0,5 cm. Zwischen den Reihen ziehen Sie in unregelmäßigen Abständen die Glasperlen auf.
Für die nächste Reihe verwenden Sie einen blauen Faden. Für die Rückenflosse werden auf den rechten Leitfaden 12 Perlen aufgezogen; dieser Faden wird in der 6. Reihe wieder zum Leitfaden. Für die Bauchflosse werden auf den linken Leitfaden 7 Perlen aufgezogen. Dieser Faden wird in der 5. Reihe wieder Leitfaden. Der letzte grüne Faden wird in der 4. Reihe eingearbeitet. Für die kleine Rückenflosse ziehen Sie 4 Perlen auf. Nachdem der Fischkörper fertig gearbeitet ist, wird für die Schwanzflosse eine Abknüpfreihe (5f) von außen nach innen gearbeitet.
Den längsten Faden schneiden Sie so ab, dass Sie ein Stück von 10 cm erhalten, mit dem Sie alle Fäden mit einem Wickelknoten (12) zusammenhalten. Auf jeden Faden ziehen Sie eine Perle auf, verknoten ihn und schneiden den Überschuss ab.

Serviettenringe und Kerzenhalter **

Material

- pro Serviettenring und Kerzenhalter 2,30 m Wickelkordel mit Drahteinlage, ∅ 3 mm (erhältlich ist dieses Material in den Farben Blau, Hellgrün, Rot, Mais, Orange und Creme)

Der Serviettenring hat einen Durchmesser von ca. 5 cm, der Kerzenhalter von ca. 8 cm.

Anleitung

Arbeiten Sie Serviettenring und Kerzenhalter nach der Anleitung „Türkischer Bund" (16). Diesen Knoten wiederholen Sie viermal. Der Durchmesser des „Grundstocks" sollte 1 cm größer sein als der fertige Serviettenring oder Kerzenhalter. Um einen flachen Kranz zu erhalten, wird die Flechtarbeit nach der dreifachen Umwanderung flachgedrückt und die letzten Runden so durchflochten.

Hals- und Armband aus Hanf *

Material

- 5,2 m Hanf in Blau, Ø 1 mm
- 3,1 m Hanf in Grün, Ø 1 mm
- 296 naturfarbene Holzperlen, Ø 4 mm
- zwei goldene Druckknopfschließen, Ø 9 mm

Das Halsband ist ca. 33 cm lang und 2 cm breit, das Armband ist ca. 20 cm lang und 2 cm breit.

Anleitung

Legen Sie sich zwei Fäden in Blau zurecht, 1 x 4,2 m und 1 x 1 m, sowie zwei Fäden in Grün mit den Maßen 1 x 2,5 m und 1 x 0,6 m. Bei diesen Modellen empfiehlt es sich, auf einer Knüpfunterlage zu arbeiten.

Für das Halsband legen Sie beide blauen Fäden zur Hälfte. Über den kurzen Leitfaden arbeiten Sie den Knüpffaden mit einem Weberknoten ein (2a). * Rechts und links ziehen Sie auf jeden Knüpffaden eine Perle. Arbeiten Sie zwei weitere Weberknoten (2) über die Leitfäden. Auf jeden Knüpffaden ziehen Sie jeweils drei Perlen auf. Den darauffolgenden Weberknoten setzen Sie so, dass die Perlen im Dreieck angeordnet werden (ca. 1 cm Abstand zum vorherigen Knoten lassen und dann hochschieben). Es folgt ein weiterer Weberknoten. * Den Musterblock von * bis * wiederholen Sie insgesamt noch 23-mal. Zum Abschluss knüpfen Sie einen Weberknoten. Nähen Sie den Verschluss ein, vernähen Sie die Fäden, und schneiden Sie sie dann ab. Das Armband fertigen Sie genauso mit insgesamt 13 Musterblöcken.

Halskette in Rosétönen **

Material

- 5 m Leinenfaden in Hell- und Dunkelrosé, Ø 1 mm
- 94 weiße Holzperlen, Ø 4 mm
- ein silberner Schraubenverschluss, Ø 5 mm und 11 mm lang
- Nähnadel

Die Kette ist ca. 33 cm lang und 2,5 cm breit.

Anleitung

Sie benötigen in Hell- und Dunkelrosé je 2 Fäden in der Länge von 2,5 m. Diese Knüpfarbeit sollte unbedingt auf einer Unterlage gearbeitet werden, die Abstände und Bögen können sonst nicht sauber und gleichmäßig ausgeführt werden.

Legen Sie einen Faden in Dunkelrosé zur Hälfte und knüpfen Sie ca. 5 cm Kettknoten (6). Knüpfen Sie dieses Kettknotenband in die Mitte des zweiten Fadens in Dunkelrosé mit Rippenknoten (5a) auf. Diese vier Fäden setzen Sie mit Rippenknoten in die Mitte eines Fadens in Hellrosé. Den letzten Faden in Hellrosé arbeiten Sie genauso ein.

Der Faden links außen wird Leitfaden für eine Rippenknotenreihe nach schräg rechts unten. Auf den letzten Knüpffaden ziehen Sie 7 Perlen auf. Wieder wird der Faden links außen Leitfaden für die zweite Rippenknotenreihe nach rechts. Lassen Sie keinen Abstand dazwischen. Insgesamt knüpfen Sie 7 Reihen. Die Leitfäden der vorherigen Reihen werden nicht mitverarbeitet, so verkürzen sich die Reihen jeweils um einen Knoten, und es entsteht ein Dreieck. Knüpfen Sie insgesamt 9 Dreiecke.

Ziehen Sie jeweils 10 Perlen bei den folgenden 8 Bögen auf. Der letzte Bogen wird wie am Anfang mit 7 Perlen ausgeführt. Am Ende arbeiten Sie wie zu Beginn ein kleines Dreieck mit drei Rippenknotenreihen. Mit den mittleren zwei Fäden in Dunkelrosé knüpfen Sie ein Kettknotenband von 5 cm. Nähen Sie den Verschluss ein, und vernähen Sie alle restlichen Fäden an der Rückseite.

Blumenstecker

Bunte Blume **

Material
- 12,3 m Edelbast in Gelb
- 6 m Naturbast in Blau und Rot
- 3,5 m Naturbast in Orange
- 3 m Naturbast in Natur und Grün
- ein Metallring, Ø 8 cm
- Nähnadel
- Draht in Blumenform mit 7 Blütenblättern (erhältlich in Bastelläden oder Gartenmärkten), Ø ca. 22 cm, Stiellänge ca. 29 cm

Hinweis: Naturbast wird meist in Bündeln verkauft. Die Länge und Stärke der einzelnen Fäden ist unterschiedlich.

Anleitung

Schneiden Sie die Fäden wie folgt zu: 1 x 12 m und 3 x 0,1 m in Gelb; 12 x 0,5 m in Blau und Rot, 6 x 0,5 m in Natur und Grün und 7 x 0,5 m in Orange. Legen Sie den 12 m langen Edelbastfaden zur Hälfte. Die Drahtform ist Ihr Leitfaden. Sie beginnen am Stielansatz, umknüpfen die Blume mit Weberknoten (2) und anschließend den Stiel mit Wellenknoten (3). Jedes Ende sichern Sie mit einem Überhandknoten (13). Nach ca. 3 cm schneiden Sie den Bast ab und drehen ihn auf.

In jede halbrunde Blütenform ziehen Sie mithilfe einer Nähnadel 6 Fäden einer Farbe ein. Der Abstand zwischen den Fäden beträgt ca. 1–1,5 cm. Die farbliche Reihenfolge gestaltet sich von rechts unten gegen den Uhrzeigersinn folgendermaßen: Blau, Natur, Rot, Orange, Blau, Rot und Grün. Das halbrunde Blütenblatt wird mit 3 versetzten Weberknoten ausgefüllt, die dritte Weberknotenreihe wird bereits in der Runde geknüpft. Arbeiten Sie insgesamt 6 Reihen. Alle Fäden werden mit Rippenknoten (5a) auf den Metallring geknüpft. Fassen Sie die Fäden straff in der Mitte zusammen, und halten Sie sie auf der linken Seite mit einem Wickelknoten (12) zusammen (benutzen Sie hierfür den 0,5 m langen Faden in Orange). Schneiden Sie die Fadenenden nach 0,5–1 cm ab. Ziehen Sie die 3 Edelbastfäden (Länge 0,1 m) im Abstand von 5 cm durch den Stiel, verknoten Sie sie und drehen sie auf.

Herz **

Material

- 28 m Edelbast in Lachs
- 15,6 m Edelbast in Gelb
- 24 naturfarbene Holzperlen (Großlochradl = Perlen mit großem Loch), Ø 8–10 mm
- Draht in Herzform (erhältlich in Bastelläden oder Gartenmärkten), ca. 20 x 22 cm, Stiellänge ca. 30 cm
- Nähnadel

Anleitung

Mit einem solchen Blumenstecker bringen Sie mehr Farbe in Ihre Grünpflanzen. In Lachs benötigen Sie Fäden in der Länge: 1 x 12 m, 26 x 0,6 m, 1 x 0,4 m. In Gelb schneiden Sie 26 Fäden in der Länge von 0,6 m zu. Legen Sie den 12 m langen Faden zur Hälfte und umknüpfen die Drahtform mit Wellenknoten (3). Die Drahtform ist Ihr Leitfaden. Beginnen Sie an der Herzspitze, umknüpfen Sie dann die Herzform und zum Schluss den Stiel. Auf der linken Herzseite ziehen Sie mithilfe einer Nähnadel gleichmäßig verteilt die 26 lachsfarbenen Fäden ein. Die Fadenenden sind gleich lang. Der Fadenabstand beträgt ca. 1 cm. Die 26 gelben Fäden werden rechts gegengleich eingezogen. Arbeiten Sie drei Runden Weberknoten (2) versetzt, mit einem Knotenabstand von ca. 1 cm. Mit den mittleren vier Fäden (2 lachs, 2 gelb) knüpfen Sie einen zusätzlichen Weberknoten. Der in der Mitte liegende lachsfarbene Faden wird Leitfaden für die folgende Rippenknotenreihe (5a). Passen Sie sich bei dieser Rippenknotenreihe der äußeren Herzform an. Auf den 4./5., 8./9., 12./13. usw. Faden ziehen Sie je eine Holzperle auf (pro Seite 12 Perlen). Arbeiten Sie eine weitere Rippenknotenreihe, dabei wird der 1. Knüpffaden der vorherigen Reihe zum Leitfaden.

Arbeiten Sie die rechte Seite gegengleich.

Knüpfen Sie mit den mittleren 4 Fäden (2 lachs, 2 gelb) einen Weberknoten. Knüpfen Sie ein Weberknotenband von 16 Knoten mit folgenden Fäden auf jeder Seite: 5, 8, 12, 16, 20, 24, 28, 31, 33, 35, 37, 39, 41, 43, 45. Die Knüpffäden des vorherigen Weberknotens werden beim darauf folgenden Weberknoten als Leitfäden mitgeknüpft. Wenn Ihnen das Weberknotenband zu dick wird, schneiden Sie auf der Rückseite einige Leitfäden kurz heraus. Sichern Sie den letzten Weberknoten mit einem Überhandknoten (13), und schneiden Sie die Fäden kurz ab.

Die verbleibenden Fäden werden auf beiden Seiten mit einer Abknüpfreihe (5f) versäubert. Hierbei ist der 3. Faden jeder Seite der erste Leitfaden für die Abknüpfreihe. Die letzten 16 Fäden (pro Seite 8) schneiden Sie nicht mehr heraus. Mit dem 0,4 m langen Faden knüpfen Sie einen Wickelknoten (12). Schneiden Sie die Bastfäden nach 5 cm ab und drehen sie auf.

Vogel **

Material

- 13 m Edelbast in Gelb
- 6 naturfarbene Holzperlen, Ø 8–10 mm
- eine rote Holzperle (Großlochradl = Perlen mit großem Loch), Ø 8–10 mm
- Draht in Vogelform (erhältlich in Bastelläden oder Gartenmärkten), ca. 13 cm breit und 9 cm hoch
- Nähnadel

Anleitung

Teilen Sie den Edelbast auf in 1 x 7 m und 12 x 0,5 m. Legen Sie den 7 m langen Faden zur Hälfte und umknüpfen die Drahtform, die hier der Leitfaden ist, mit Wellenknoten (3). Sie beginnen an der vorderen Bauchunterseite, umknüpfen Schnabel, Kopf, Rücken, Schwanz, hintere Bauchunterseite und zuletzt den Stiel. Die beiden Knüpffäden werden mit einem Überhandknoten (13) gesichert, nach 3 cm abgeschnitten und ausgefranst. Die anderen 12 Fäden werden mithilfe einer Nähnadel in 1-cm-Abständen über Kopf und Rücken verteilt eingezogen.

Knüpfen Sie mit jeweils 4 Fäden eine Reihe Weberknoten (2). Fädeln Sie über 2 Fäden die rote Perle als Auge auf. Füllen Sie den Körper mit versetzten Weberknoten. Ziehen Sie für die Flügel die 6 Holzperlen über je 2 Fäden auf. Sichern Sie die Perlen mit einer Reihe Weberknoten. Arbeiten Sie von außen nach innen bis zur Mitte je eine Abknüpfreihe (5f). Schneiden Sie maximal 3–4 Fäden heraus. Die restlichen Fäden werden mit einem Wickelknoten (15) zusammengebunden, nach ca. 2 cm abgeschnitten und ausgefranst.

Libelle *

Material

- 80 cm Edelbast in Blau und Gelb
- 30 cm ummantelter Blumendraht, Ø 1 mm
- Nähnadel
- Kettelzange oder Stricknadel

Die Libelle ist ca. 7 cm lang und 6 cm breit.

Anleitung

Legen Sie den blauen und gelben Bastfaden in der Mitte überkreuz und knüpfen ca. 20 Kronenknoten (10). Für die Weiterverarbeitung orientieren Sie sich an der Biene (s. S. 32). Die Flügel der Libelle sind ca. 4 cm lang.

Tipp: Sie können Ihre Blumen auch durch mehrere Libellen verzieren und dabei die Farben ein wenig abwandeln.

Dekoratives für die Wohnung

Umknüpfte Flasche **

Material
- 30,6 m Leinenfaden in Weiß, Ø 1 mm
- eine Bocksbeutelflasche, 0,2 l
- Sekundenkleber

Die Flasche ist 14 cm hoch und max. 11 cm breit.

Anleitung
Sie können eine volle oder eine leere Flasche umknüpfen. Bei gefüllter Flasche lösen Sie vorsichtig im warmen Wasser das Etikett ab. Verschenken Sie die Flasche, indem Sie das getrocknete Etikett aufrollen und mit Geschenkband am Flaschenhals befestigen. Eine umknüpfte leere Flasche können Sie als Vase mit einer Orchidee oder Rose überreichen.
Schneiden Sie die Fäden in den folgenden Längen zu: 20 x 1,5 m und 2 x 0,3 m. In der Mitte eines 1,5 m langen Fadens hängen Sie die übrigen Fäden dieser Länge ein (1a). Den Aufhängefaden knüpfen Sie mit Kreuzknoten (14) eng um den oberen Flaschenhals. Es wird an der Flasche geknüpft.
1. Runde: Mit je 4 Fäden arbeiten Sie 5 Wellenknoten (3).
2. Runde: Knüpfen Sie versetzt 11 Wellenknoten untereinander.
4. Runde: Arbeiten Sie versetzt 3

Weberknoten (2) untereinander. 5. Runde: Knüpfen Sie versetzt einen Weberknoten und mit einem 0,3 m langen Leitfaden eine waagerechte Rippenknotenreihe (5.a) am unteren Flaschenhals.
Schließen Sie die Enden der beiden Leitfäden mit einem Kreuzknoten. Verkleben Sie sie und schneiden sie ab. Mit je 4 Fäden setzen Sie 3 Weberknoten untereinander. Insgesamt entstehen 10 Weberknotenbänder. Überkreuzen Sie die Knüpffäden jeweils mit den nachbarlichen Knüpffäden und setzen auf die entsprechenden Leitfäden einen Weberknoten. Wiederholen Sie diesen Arbeitsschritt noch einmal. * Legen Sie mit je 2 Knüpffäden einen Josefinenknoten (11). Er soll zwischen 2 Leitfädenpaaren liegen. Führen Sie die Knüpffäden zurück und knüpfen 2 Weberknoten über die ursprünglichen 2 Leitfäden. * Wiederholen Sie den Intervall von * bis * noch 3-mal.
Passen Sie die Abstände der Knoten der bauchigen Flasche an. Mit den Weberknoten der letzten Runde sollten Sie ca. 1 cm vor dem Boden angelangt sein.
Mit dem 30 cm langen Faden werden alle Fäden auf dem Flaschenboden in zwei Rippenknotenrunden zusammengehalten. Verkleben Sie die Fäden, und schneiden Sie die Enden kurz ab.

Bunter Wandbehang ***

Material

- 123,2 m Baumwollknüpfgarn in Gelb, Ø 2,5 mm
- 48 m Baumwollknüpfgarn in Blau, Ø 2,5 mm
- 54 m Baumwollknüpfgarn in Grün, Ø 2,5 mm
- 40 m Baumwollknüpfgarn in Rot, Ø 2,5 mm
- Messingstange oder Holzstab, 45 cm lang, Ø ca. 0,8 mm

Der Wandbehang ist ca. 43 cm breit und 46 cm lang.

Anleitung

Bei diesem Wandbehang verknüpfen sich die Fäden sehr unterschiedlich. Die zum Teil sehr langen Restfäden (sie dienen teilweise nur als Leitfäden) können wieder für kleinere Knüpfarbeiten wie z.B. Schlüsselanhänger verwendet werden. Eine Knüpfunterlage ist für den Wandbehang erforderlich.

Schneiden Sie das Material folgendermaßen zu: 4 x 6,5 m, 16 x 6 m, 2 x 0,6 m in Gelb; 12 x 4 m in Blau, 12 x 4,5 m in Grün, 10 x 4 m in Rot. Legen Sie die 6,5 und 6 m langen Fäden in Gelb zur Hälfte und knüpfen Sie einen Kettknoten (6). Arbeiten Sie in die Mitte von zwei blauen Fäden 3 Kettknoten, und biegen Sie sie zur Schlaufe. Die restlichen blauen, grünen und roten Fäden werden genauso vorbereitet.
Hängen Sie diese Fäden mit Rippenknoten (5a) wie folgt an der Messingstange ein: 2 gelbe Fäden (je 6,5 m), 6 blaue Fäden (= 3 Schlaufen mit je 4 Fäden), 2 gelbe Fäden (6 m), 6 grüne Fäden, 2 gelbe Fäden (6 m), 10 rote Fäden, 2 gelbe Fäden (6 m), 6 grüne Fäden, 2 gelbe Fäden (6 m), 6 blaue Fäden, 2 gelbe Fäden (6,5 m).
Mit einem 0,6 m langen Leitfaden knüpfen Sie eine Rippenknotenreihe dicht unter die Messingstange. Mit je 4 Fäden arbeiten Sie 2 Weberknoten (2) untereinander. Setzen Sie eine weitere waagerechte Rippenknotenreihe

mit einem 0,6 m langen Leitfaden. Mit den jeweils 4 äußeren gelben Fäden knüpfen Sie 2 Weberknoten untereinander. Über jeden 2. und 3. Faden der mittleren 4 Fadenpartien knüpfen Sie je 2 neue 6 m lange Fäden mit Weberknoten ein.

Für das weitere Knüpfmuster orientieren Sie sich bitte an der Abbildung. Folgende Knoten wurden verwendet: Weberknoten (2, 2a), Rippenknoten (5a, 5c, 5d), Kettknoten (6), Nest aus halben Schlingenknoten (8), Langettenknoten (10). Die Rauten entstehen aus den entsprechenden Farben (Blau, Grün und Rot). Die Mustereinrahmungen bestehen ausschließlich aus diagonal verlaufenden Rippenknoten, deren Leitfäden aus den Rautenmustern kommen.

Zum Abschluss werden mit den blauen, grünen und roten Fäden (nur die 12 Mittelfäden) Kettknotenbänder mit jeweils 6 Knoten geknüpft. Die gelben und äußeren roten Fäden werden ausgefranst. Im Abstand von ca. 11 cm zur letzten Rippenknotenreihe schneiden Sie alle Fäden ab.

Farbenfrohe Stehlampe ***

Material

- 12 m Teppichwolle (in Teppichwebereien erhältlich), Ø ca. 1,5 cm
- 12 m Sisalkordel in Zimtfarben und Grün, Ø 5 mm
- 9 m Sisalkordel in Dunkelblau, Ø 5 mm
- 42 m Baumwollkordel in Maisgelb, Ø ca. 5 mm
- 42 m Baumwollkordel in Rotbraun, Ø ca. 3 mm
- 30 m Acrylgarn in Rohweiß, Ø 4,5 mm
- 30 m Acrylgarn in Grün, Ø 5 mm
- 10–20 braune Holzperlen (Großlochradl = Perlen mit großem Loch), Ø 8–10 mm
- Lampenschirm, ca. 30 cm hoch, oberer Ø ca. 29 cm, unterer Ø ca. 37 cm

Anleitung

Schneiden Sie die Fäden wie folgt zu: 8 x 1,5 m aus Teppichwolle, je 4 x 3 m Sisalkordel in Zimtfarben und Grün, 3 x 3 m Sisalkordel in Dunkelblau, 14 x 3 m Baumwollkordel in Maisgelb und Rotbraun, 10 x 3 m Acrylgarn in Rohweiß und Grün. An die oberen Stäbe des Lampenschirms hängen Sie die Fäden nach folgendem Muster auf: 5 Fäden rotbraune Baumwollkordel (1c), 4 Fäden rohweißes Acrylgarn (1a), 1 Faden Teppichwolle (1a), 6 Fäden grünes Acrylgarn (1c), 1 Faden Teppichwolle (1a), 4 Fäden zimtfarbene Sisalkordel (1a), 4 Fäden maisgelbe Baumwollkordel (1c), 5 Fäden rotbraune Baumwollkordel (1c), 1 Teppichfaden (1a), 2 Fäden rohweißes Acrylgarn (1a), 4 Fäden grüne Sisalkordel (1a), 1 Faden Teppichwolle (1a), 4 Fäden maisgelbe Baumwollkordel (1a), 3 Fäden dunkelblaue Sisalkordel (1a), 2 Fäden Teppichwolle (1a), 4 Fäden rotbraune Baumwollkordel (1a), 4 Fäden rohweißes Acrylgarn (1a), 1 Faden Teppichwolle (1a), 6 Fäden maisgelbe Baumwollkordel (1c), 1 Faden Teppichwolle (1a). Die oberen Stäbe des Lampenschirmes sollten jetzt lückenlos bedeckt sein. Die restlichen 4 Fäden grünes Acrylgarn werden zwischen dem rohweißen Acrylgarn und der maisgelben Baumwollkordel im ersten Drittel auf die Teppichwolle geknüpft. Die Musterverbindungen verlaufen mal senkrecht, mal waagerecht. Eine genaue Beschreibung ist hier nicht möglich. Die Perlen werden je nach Geschmack eingearbeitet. Dieses Modell ist für diejenigen gedacht, die mit etwas Knüpferfahrung Freude am Experimentieren mit unterschiedlichem Material und unregelmäßigen Musterverbindungen haben. Orientieren Sie sich an der Abbildung. Folgende Knoten wurden verwandt: Weberknoten (2), Wellenknoten (3), Rippenknoten (5a, 5b, 5c, 5d, 5f)), Kettknoten (6), Schlingenknoten (7), Nester aus Schlingenknoten (8), Wickelknoten (12), Abschluss mit Rippenknoten.

Blumenampeln und Mobiles

Glockenspirale **

Material

- je 42 m Baumwollknüpfgarn in Grün und Beige, ∅ 3 mm
- 69 braune Holzperlen (Großlochradl = Perlen mit großem Loch), ∅ 8–10 mm
- 73 naturfarbene Holzperlen (Großlochradl), ∅ 8–10 mm
- zwei Plastikringe, ∅ 5 cm
- drei Keramikglocken, z. B. in Blau; verschiedene Größen: 3,5 cm hoch, ∅ 5 cm; 4 cm hoch, ∅ 6 cm; 4,5 cm hoch, ∅ 7 cm

Die Glockenspirale ist ca. 66 cm lang und 10 cm breit.

Anleitung

Sie benötigen je 6 Fäden in Grün und Beige in der Länge von 7 m. Arbeiten Sie zunächst die grüne Spirale. Hängen Sie die 6 grünen Fäden gleich lang in einen Plastikring ein (1a). Mit den Fäden rechts und links außen knüpfen Sie 4 Weberknoten (2) über 10 Leitfäden. Fädeln Sie auf jeden Faden fünf naturfarbene Perlen, und wickeln Sie die Fäden auf (15).

Die Spirale wird von rechts nach links mit Rippenknoten geknüpft (5a): Mit dem Faden rechts außen (Leitfaden) arbeiten Sie eine waagerechte Rippenknotenreihe nach links. Wiederum knüpfen Sie mit dem äußersten rechten Faden eine waagerechte Rippenknotenreihe. Die ersten zwei Rippenknoten knüpfen Sie dicht an die Vorreihe. Jetzt vergrößern Sie den Abstand zwischen den Reihen soweit, dass die Holzperle auf dem drittletzten Faden eingearbeitet werden kann. Mit den letzten beiden Fäden knüpfen Sie zwei Kettknoten (6), bevor Sie die Reihe mit Rippenknoten abschließen.

Wiederholen Sie so Reihe für Reihe. Insgesamt werden 61 Perlen eingearbeitet. Mit je 6 Fäden (2 Knüpf- und 4 Leitfäden) werden zwei Wellenknotenbänder (3) geknüpft, jedes 12 cm lang. Die Aufhänger der Keramikglocken nehmen Sie zu den Leitfäden dazu und knüpfen sie mit ein. In die grüne Spirale arbeiten Sie zwei Glocken ein.

Die Wellenknotenbänder sichern Sie mit Überhandknoten (13) und ziehen die restlichen Perlen auf die Leitfäden. Sichern Sie die Perlen mit einem Überhandknoten, und schneiden Sie die Fäden ab. Die beigefarbene Spirale arbeiten Sie wie die grüne, verwenden dabei die braunen Perlen und knüpfen eine Glocke ein. Die Wellenknotenbänder sind am Ende ca. 6 cm lang. Die Spiralen können einzeln oder ineinander gedreht aufgehängt werden.

Bunte Blumenampel

Material

- 10,2 m Baumwollknüpfgarn in Gelb, Ø 2,5 mm
- 7,7 m Baumwollknüpfgarn in Blau, Orange, Beige, Natur und Grün, Ø 2,5 mm
- ein Plastik- oder Metallring, Ø ca. 4 cm
- 12 naturfarbene Holzperlen (Großlochradl = Perlen mit großem Loch), Ø 8–10 mm

Die Blumenampel hat eine Länge von ca. 75 cm.

Anleitung

Schneiden Sie das Knüpfgarn zu. In Gelb benötigen Sie die folgenden Fäden: 1 x 5,5 m (Knüpffaden Ampel), 1 x 2,2 m (Leitfaden Ampel), 1 x 1,5 m (zum Umknüpfen des Plastikrings), 2 x 0,5 m (für oberen und unteren Wickelknoten). In Blau, Orange, Beige, Natur und Grün benötigen Sie je 1 x 5,5 m (Knüpffaden Ampel) und je 1 x 2,2 m (Leitfaden Ampel).

Umknüpfen Sie den Plastikring mit Schlingenknoten (7). Die Fadenenden werden verknotet und abgeschnitten. Legen Sie alle Fäden in der Länge 5,5 m und 2,2 m zur Hälfte durch den Plastikring. Mit einem Wickelknoten (12) binden Sie alle Fäden zusammen. Teilen Sie die Fäden in sechs Gruppen auf (je zwei Knüpf- und Leitfäden in einer Farbe). Nun fertigen Sie die Bänder: Knüpfen Sie jeweils 13 cm Weberknoten, ziehen Sie eine Holzperle über die Leitfäden, knüpfen Sie 13 cm Wellenknoten (3), ziehen Sie wieder eine Perle über die Leitfäden und knüpfen 13 cm Weberknoten (2). Mit je zwei Fäden (einen Knüpf- und einen Leitfaden) arbeiten Sie sieben Kettknoten (6).

Für den Korb knüpfen Sie zwei Kettknotenbänder versetzt mit einem Weberknoten zusammen. Pro Strang arbeiten Sie weitere sieben Kettknoten und knüpfen nochmals die Kettknotenbänder mit einem Weberknoten versetzt zusammen. Nach ca. 4–5 cm halten Sie alle Fäden mit einem Wickelknoten zusammen, wozu Sie den zweiten Faden in 0,5 m Länge verwenden. Schneiden Sie alle Fäden nach 13 cm ab und fransen sie aus.

Blumenampel aus Seidenschnüren **

Material

- 77,7 m Crêpe Satin12
- ein Metallring, Ø 15 cm
- 50 Keramikperlen, Ø 10–12 mm
- Nähnadel oder Klebstoff

Bei dieser Ampel sind die Materialkosten etwas teurer. Sie überreichen hier in Verbindung mit der aufwendigeren Knüpfarbeit in jeder Hinsicht ein kostbares Geschenk.

Anleitung

Schneiden Sie folgende Fäden zu: 12 x 6 m (für die Bänder der Ampel), 2 x 2 m (für die Schlaufe und zum Umwickeln des Metallringes), 1 x 1 m (unterer Wickelknoten), 1 x 0,7 m (oberer Wickelknoten). Umwickeln Sie den Metallring mit einem 2 m langen Faden und vernähen oder verkleben die Enden. Diese Nahtstelle wird später mit Rippenknoten (5a) überdeckt.
Über die Mitte aller 6-m-Fäden knüpfen Sie mit dem zweiten 2-m-Faden 15 Schlingenknoten (7). Legen Sie das Band zu einer Schlaufe, und binden Sie mit dem 0,7 m langen Faden einen Wickelknoten (12). Nun

teilen Sie die 24 Fäden in 8 Gruppen zu je 3 Fäden (2 Knüpf- und 1 Leitfaden) auf. Gruppe 1, 3, 5 und 7 knüpfen Sie wie folgt: 5 Weberknoten (2), 1 Keramikperle über den Leitfaden ziehen, 5 Weberknoten.

Für Gruppe 2, 4, 6 und 8 arbeiten Sie folgendes Schema: 19 Wellenknoten (3), 1 Keramikperle, 1 Wellenknoten. Alle Fäden knüpfen Sie gleichmäßig verteilt mit Rippenknoten auf den umwickelten Metallring. Teilen Sie die Seidenschnüre in 4 Gruppen zu je 6 Fäden (2 Knüpf- und 4 Leitfäden) auf. Jedes Band wird nach diesem Muster geknüpft: 1 Weberknoten, * eine Raute mit Rippenknoten knüpfen (5d), über die beiden mittleren Fäden eine Keramikperle ziehen. Teilen Sie die Fäden, sodass Sie zwei Knüpfstränge erhalten und arbeiten mit jedem Strang (2 Knüpf- und 1 Leitfaden) 6 Weberknoten *. Wiederholen Sie den Intervall von * bis * noch 4-mal, und beenden Sie mit einer Raute das Band.

Für den Korb knüpfen Sie nach ca. 7 cm 2 Weberknoten versetzt, d.h. Sie verbinden drei Fäden von einem Band mit drei Fäden vom Nachbarband. Nach weiteren 7 cm arbeiten Sie nochmals 2 Weberknoten versetzt. Halten Sie alle Fäden nach 6–8 cm mit einem Wickelknoten zusammen (verwenden Sie dafür einen 1 m langen Faden). Fädeln Sie die restlichen Keramikperlen auf, verknoten Sie sie und schneiden die Fadenenden ab.

Glasvase mit Porzellanperlen **

Material

- 13,2 m Glanzkordel in Lila und Rosè, ∅ 2 mm
- 12,9 m Glanzkordel in Flieder, ∅ 2 mm
- 36 weiße Porzellanperlen, ∅ 5 mm
- Glaskolben mit 2 Löchern (ca. 2 cm unterhalb des Randes), 29 cm lang, ∅ ca. 3,5 cm

Anleitung

Schneiden Sie die Fäden wie folgt zu: in Lila und Rosé jeweils 6 x 2 m, 1 x 0,8 m, 1 x 0,4 m; in Flieder 6 x 2 m, 1 x 0,5 m, 1 x 0,4 m. In die Mitte eines 2 m langen lilafarbenen Fadens hängen Sie 5 Fäden in Lila, 6 Fäden in Flieder und 6 Fäden in Rosé ein (1a), die ebenfalls 2 m lang sind. Legen Sie die beiden lilafarbigen Aufhängefäden um die Glasvase, und verknoten Sie sie mit einem Kreuzknoten (14).

Es wird rund um den Glaskolben geknüpft. Pro Farbe haben Sie 12 Knüpffäden. Mit je 6 Fäden einer Farbe wird ein Blattmuster geknüpft. Der 6. Faden einer Farbe wird Leitfaden für eine Rippenknotenreihe von der Mitte nach links außen (5d). Der 5. Faden (er war der erste Knüpffaden) wird Leitfaden für die darunter liegende Rippenknotenreihe. Mit diesem Leitfaden geben Sie beim Knüpfen dem Blatt die Form. Das 2. Blatt knüpfen Sie gegengleich: Der 7. Faden wird Leitfaden von der Mitte nach rechts außen. Mit dem 8. Faden wird das Blatt wieder mit einer Rippenknotenreihe geschlossen.

Nach der ersten Blattrunde werden durch die letzten Leitfäden zweier Blätter, z.B. in Flieder und Lila, eine Porzellanperle gezogen. Das Blattmuster wiederholen Sie von innen nach außen. Insgesamt arbeiten Sie 13 Runden. Unter die letzten Blätter setzen Sie eine Abknüpfreihe aus Rippenknoten (5f).

Die Fäden von zwei Blättern werden mit einem Wickelknoten (12; benutzen Sie die 0,4 m langen Fäden) zusammengebunden.

Zum Abschluss halten Sie alle Fäden mit einem Wickelknoten (benutzen Sie den 0,5 m langen fliederfarbenen Faden) zusammen und schneiden nach 5 cm ab. Für den Aufhänger knüpfen Sie aus den 0,8 m Fäden in Lila und Rosé ein Kettknotenband (6) von ca. 29 cm. Ziehen Sie es durch die Löcher der Glasvase, und verknoten Sie die Enden.

Bienen mit Bienenkorb *

Material

- 2,5 m geflochtene Jutekordel in Gelb, Ø ca. 4 mm
- 12,1 m Edelbast in Braun
- 5,5 m Edelbast in Gelb
- ca. 2,5 m Kupferdraht, Ø 6 mm
- Blumentopf aus Ton mit Loch am Boden, ca. 6 cm hoch, Ø 7 cm
- Klebstoff
- Nähnadel
- Kettelzange oder Stricknadel

Der gesamte Durchmesser des Mobiles beträgt ca. 25 cm.

Anleitung

Schneiden Sie die Fäden zu. Sie benötigen 6 x 1,1 m in Braun und je 11 Fäden in Braun und Gelb von 0,5 m Länge. Schließen Sie für den Bienenkorb mit einem Ende der Jutekordel einen Kreis von ca. 7 cm Ø. Über die Nahtstelle legen Sie einen braunen Faden von 1,1 m Länge zur Hälfte, hängen ihn ein (1a) und dann die restlichen braunen Fäden über den Kreis verteilt. Kleben Sie diesen Jutekreis vorsichtig an den oberen Topfrand.

Das lange Ende der Jutekordel wird Ihr Leitfaden für die Rippenknoten (5a). Mit den Bastfäden knüpfen Sie die Kordel spiralförmig Runde für Runde dicht an den Tontopf. Der Abstand zwischen den einzelnen Rippenknotenreihen beträgt ca. 0,5–1 cm. Mit den letzten zwei Runden bedecken Sie den Topfboden. Alle Fäden werden durch die Bodenöffnung in den Topf gezogen und mit einem Überhandknoten (13) gesichert. Schneiden Sie die Bastfäden kurz ab. Die Jutekordel wird wieder zurückgeführt und als Aufhänger benutzt.

Für jede Biene legen Sie einen braunen und gelben Edelbastfaden (0,5 m) in der Mitte über Kreuz und knüpfen ca. 15–17 Kronenknoten (10). Mit einer Nähnadel ziehen Sie die braunen Bastfäden durch die vorletzte Reihe nach innen und führen sie 3–4 Reihen unterhalb wieder nach außen. Schneiden Sie nun die Bastfäden ab. Die gelben Bastfäden drehen Sie für die ca. 2 cm langen Flügel breit auf. Sie werden wie die braunen Fäden vernäht. Schneiden Sie den Kupferdraht in je 10–25 cm lange Stücke. Stecken Sie ein Ende durch den Bienenkörper und sichern es mit einer kleinen Öse. Das andere Ende des Drahtes drehen Sie um die Jutekordel am Boden des Tontopfes.